I0550790

LE
PATRIOTISME
ET LE
SURNATUREL

PANÉGYRIQUE DE JEANNE D'ARC

Prononcé dans la Cathédrale d'Orléans

Le 8 Mai 1878

PAR M. L'ABBÉ G. ROUQUETTE

Chanoine honoraire de Bordeaux

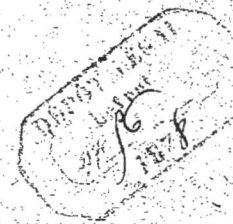

ORLÉANS
H. HERLUISON, LIBRAIRE-ÉDITEUR
17, RUE JEANNE-D'ARC, 17

1878

L 27 n
30892

LE
PATRIOTISME

ET LE

SURNATUREL

PANÉGYRIQUE DE JEANNE D'ARC

Prononcé dans la Cathédrale d'Orléans

Le 8 Mai 1878

PAR M. L'ABBÉ G. ROUQUETTE

Chanoine honoraire de Bordeaux

ORLÉANS

H. HERLUISON, LIBRAIRE-ÉDITEUR

17, RUE JEANNE-D'ARC, 17

—

1878

Ln 27
30892

LE

PATRIOTISME

ET LE

SURNATUREL

>-◦-[◦]-◦-‹

Imposuerunt super caput ejus causam ipsius scriptam.

« Ils posèrent écrits au-dessus de sa tête les motifs de sa condamnation. »

(S. MATTH., XXVII, 37.)

MESSEIGNEURS (1),

MESSIEURS,

C'est un procédé au moins singulier de faire d'une accusation le texte d'un panégyrique.

Et cependant, quand cette accusation fut portée par la jalousie et par la haine, le contraire de ce que ces passions ont dit doit être la justice et la vérité.

Pilate ne savait pas quelle glorieuse épitaphe il écrivait sur la tête du Christ avec ces courtes paroles : *Roi des Juifs.* Et les bourreaux de Rouen ne se doutaient pas que, pour glorifier un jour leur victime, il suffirait de prendre le contre-pied de l'inscription qui domina le

(1) Mgr DUPANLOUP, évêque d'Orléans ; Mgr LABORDE, évêque de Blois, et Mgr COULLIÉ, coadjuteur de Mgr l'évêque d'Orléans.

bûcher de Jeanne, quand, à la lueur de l'incendie allumé
pour dévorer cette chair virginale, on aurait pu lire ces
quatre paroles : *hérétique, apostate, idolâtre, relapse.*

Ils n'ont accusé ni l'héroïne, ni la femme ; ils ont
condamné la chrétienne : c'est la chrétienne que je veux
défendre aujourd'hui.

Les motifs de sa mort la rendent immortelle (1).

La gloire de la guerrière a peut-être dominé, dans les
admirations qui précédèrent la nôtre, la piété de la
vierge, l'ardeur de la martyre, l'âme de la sainte.

Désormais, — grâce à votre puissante initiative, Mon-
seigneur, — c'est vers les horizons les plus supérieurs,
les plus célestes de cette vie que doivent se tourner les
investigations et les hommages.

Et notre temps ne peut recevoir de meilleure leçon
que celle qui lui montre, dans les plus hautes existences
du passé, le génie humain cédant la place au génie
surnaturel.

La statue de Jeanne d'Arc est belle comme le *patriotisme* dont elle est, à travers les siècles, la plus vivante
image ; mais la beauté de cette physionomie chevaleresque
est encore plus une beauté intérieure : *Omnis decor filiæ...
ab intùs* (2).

Aussi, sans dédaigner les panthéons, nous ambitionnons
pour elle les autels.

L'Église a sacré l'apostolat ; elle a sacré le martyre ;

(1) De Lescure, *Vie de Jeanne d'Arc*, préface.
(2) Psaume XIV.

elle a sacré la vie des confesseurs — évêques, prêtres, moines, laïques ; — elle a sacré la virginité et le veuvage ; elle a voué un culte à toutes ces conditions de la vie sociale, dans les êtres d'élite qui les ont représentées..... Pourquoi désespérerions-nous de la voir un jour sacrer le patriotisme et lui dédier des autels, si surtout il est démontré que ce *patriotisme* a été *surnaturalisé*, au point de faire alliance, en une même créature, avec les plus héroïques vertus, avec la sainteté ?..

Le *patriotisme* et le *surnaturel !*

Voilà donc ce que je veux saluer aujourd'hui dans cette humble et éminente créature qui ne donna son sang à la patrie qu'après avoir donné, sans jamais la reprendre, son âme à Dieu !

J'aurai ainsi apporté mon grain de sable à ce monument plusieurs fois séculaire que les générations religieuses et françaises ont élevé à la mémoire de Jeanne d'Arc.

I

Messieurs, en l'an 1412, l'étoile qui avait brillé jadis sur la maison de Bethléem visita une humble demeure au village de Domremy, sur les bords de la Meuse. De laboureurs, d'origine servile, très-pauvres, et encore plus vertueux, Jeanne d'Arc naquit.

Quand elle eut quatorze ans à peine, un archange la vint visiter au nom du Très-Haut :

« Je suis saint Michel, lui dit-il ; je viens te demander de la part du Seigneur que tu ailles en France au secours du Dauphin, afin que par toi il recouvre son royaume. »

« Jeanne se débattait contre elle-même, répondant qu'elle était une pauvre fille qui ne saurait ni chevaucher, ni mener la guerre. » C'était le *quomodo fiet istud* (1) ? de la Vierge Marie.

Mais les voix — il y en avait trois désormais — retentirent plus fort : « Va en France, va en France. » Et la nouvelle *Annonciade* répondit : « Je suis la servante du Seigneur. »

Ce fut dès lors, Messieurs, en cette humble créature, une incarnation véritable de l'amour de la patrie et de la grâce de Dieu, du patriotisme et du surnaturel ; et de cette union sortit un double fruit : la délivrance de la patrie et la sainteté de Jeanne d'Arc.

Qu'est-ce que le patriotisme ? Le patriotisme est un sentiment, un amour dont la patrie est objet ; non point un sentiment rapide et un amour passager, comme un acte, mais un amour à l'état d'*habitude*, condition sans laquelle la vertu ne saurait exister. Or, Messieurs, le patriotisme est une vertu, une grande vertu civique, sociale, une *habitude* de l'âme, par conséquent : *Affectio animi constans*, comme dit un ancien.

Une habitude de l'âme libre : car la vertu porte essentiellement le caractère de la liberté ; elle perdrait son nom là où elle rencontrerait une contrainte extérieure, autrement que pour lui résister ou pour la subir

---

(1) Comment cela s'accomplira-t-il ? (S. Luc, I.)

avec patience, ce qui est une victoire encore : *Virtus verè libera est*. Et elle n'existe qu'à la condition d'envahir l'être humain tout entier, comme dit Pascal, l'esprit, le cœur, l'âme enfin et le corps lui-même, compagnon de ses labeurs, participant à ses mérites et prédestiné aux mêmes gloires !...

Ces quelques traits, Messieurs, conviennent au *sujet* de cet amour, à tout être qui aspire au patriotisme. Ils lui conviennent et ils lui sont nécessaires ; celui-là seulement qui est raisonnable et libre, constant et vertueux, peut mériter de s'appeler *un patriote*. Je n'ai pas nommé Jeanne d'Arc, Messieurs, mais vous voyez bien que son panégyrique est déjà commencé. .

Et la patrie, *objet* de cet amour, qu'est-ce donc, et que faut-il entendre par elle ?

Ah ! Messieurs, qui l'avez si noblement défendue, et sur la poitrine desquels je vois briller les éclatantes marques de vos glorieux services, est-ce à moi de vous instruire, et ne devrais-je pas plutôt vous interroger humblement, afin d'apprendre de vous ce que Jeanne d'Arc aimait ?

La patrie, c'est le territoire, le drapeau, les traditions.

Le sol d'abord, la terre : ce que les anciens appelaient *alma parens ;* la mère bienfaisante des fruits et des hommes, fertile en moissons et en guerriers ; comme dit le poète : le sol primitif et le sol conquis, aux époques lointaines des fondations nationales.

Et c'est parce que le sol est la première base de la patrie, Messieurs, que, à l'heure où la civilisation a éclairé les peuples, on ne comprend plus les guerres de conquêtes ;

c'est encore pour ce motif que la guerre en général doit être regardée — eût-on une Jeanne d'Arc pour la soutenir — comme le plus épouvantable de tous les fléaux !

Qu'un petit État, sentant le besoin d'être protégé, se donne à un plus grand, dans l'exercice de son absolue liberté, il en a le droit ; mais qu'on le conquière violemment, qu'on l'absorbe malgré lui, qu'on en trafique et qu'on en dispose, comme d'un objet de compensation, dans une sorte de marché entre potentats !... c'est une iniquité, un brigandage public : *Latrocinium !*

Une iniquité et un malheur.

Hélas ! et nous savons ce que la théorie des grands États dévorant les petits a coûté à la France d'argent, de sang et de dignité en ces derniers temps ; nous savons quel cercle de périls cela lui a créé pour l'avenir. C'est notre punition de n'avoir pas suffisamment respecté la terre d'autrui, d'avoir par notre immixtion dans des complots unitaristes, dont nous n'avions que faire, porté atteinte à l'amour patriotique de peuples doublement intéressants : parce qu'ils avaient le droit pour eux et chez eux, et parce qu'ils étaient petits.

Messieurs, la *terre de France*, livrée aux Anglais par les Bourguignons, fut jadis la première cause du patriotisme de Jeanne d'Arc : elle s'avança en libératrice, en rédemptrice du sol !

La patrie, c'est encore *le drapeau* (1).

Bien supérieur aux armoiries des plus antiques maisons

---

(1) A l'heure où je prononce ces paroles, un congrès de toutes les nations du monde, *une exceptée*, est réuni dans notre capitale, et chacune de ces patries est représentée par son pavillon, par son *drapeau*.

royales, le drapeau est l'étendard de la nation. Il est
partie intégrante de l'essence patriotique, à ce point,
Messieurs, qu'un drapeau primitivement personnel à une
race régnante ou à un guerrier inspiré — nommez Henri-
Quatre ou Jeanne d'Arc — cesse d'être une propriété
privée ou domestique, le jour où il a eu l'honneur de
devenir l'insigne de la nation.

Tout drapeau de la France appartient aux Français.

C'est pour cela, Messieurs, que la famille de Jeanne n'a
pas hérité de cette grande relique, qui fut son étendard,
et que c'est vous, représentants de la cité, qui en êtes les
dépositaires impersonnels et qui, tous les ans, en cette
journée, avec une solennité incomparable, le faites sortir
du trésor de vos gloires orléanaises, pour le confier au
Pontife et à l'Église.

Aussi, Messieurs, je comprends qu'on aime son drapeau,
qu'on l'aime passionnément, qu'on le défende à outrance,
qu'on pleure d'inconsolables larmes quand on le sait
captif. Car, de ce qu'il aurait été malheureusement com-
promis ou peut-être imprudemment livré par quelques-
uns, ce n'est point une raison pour oublier ceux qui
moururent en se faisant de ses plis un glorieux linceul !
Certes, l'étendard de Jeanne d'Arc n'était pas plus cher
à son cœur, aux jours où il flottait glorieusement à Orléans, à Patay, à Reims, qu'au jour où « il s'agita en vain
pour appeler à l'aide, et où il tomba de ses mains, ren-
versé par des mains françaises (1). »

(1) Henri MARTIN, t. VI, p. 128.
Indépendamment des recherches nombreuses, patientes, que demande

La patrie, Messieurs, c'est plus qu'un sol et plus qu'un drapeau : c'est une *histoire*. Les vieilles traditions qui redisent de quelles sueurs, de quel sang cette terre a été arrosée, fécondée, par quel dévoûment prodigieux et constant ce drapeau a été conservé pur, dans la gloire des triomphes et dans l'honneur même de la défaite.

L'éloquence des berceaux et le puissant attrait des tombes : les foyers et les autels, comme disaient les anciens quand ils se battaient contre l'envahisseur pour la conservation de ces saintes choses, *pro aris et focis !*

---

toujours un éloge historique, celui qui le compose doit s'attacher à un auteur particulier dont il adopte le récit, quitte à contrôler les points qui laissent quelque doute.

Fidèle à cette nécessité, j'ai donné ma préférence à l'histoire de M. Henri Martin.

Et voici mon motif :

Ayant conçu le plan d'une thèse religieuse, théologique, à propos de Jeanne d'Arc, il m'a semblé que les notions puisées dans un historien moins suspect de sympathie, les jugements portés par un philosophe dans les goûts duquel la parfaite orthodoxie ne domine pas, auraient sur mon travail une influence plus décisive.

J'aurais pu suivre la remarquable histoire écrite par M. Wallon ; elle m'aurait conduit à la conclusion qu'il tire lui-même de tous ces faits : la canonisation de Jeanne d'Arc.

J'aurais pu m'arrêter particulièrement à la narration de M. de Lescure, qui, lui aussi, dit en parlant des saints déjà canonisés et de Jeanne d'Arc :

> Rien ne manque à sa gloire ; elle manque à la leur.

Le *Livre d'or de la France*, récemment publié par M. Godefroy, ne m'aurait évidemment demandé qu'une analyse, et ma thèse trouvait là un soutien, presque un indicateur.

J'ai mieux aimé les hommages d'un homme qui semble avoir complètement oublié son système ordinaire, tant le philosophe a été vaincu par celle qu'il appelle *l'ange prédestiné à la résurrection de la France*.

Voilà quelques paroles trop courtes pour compléter cette
notion de la patrie ; heureusement pour leur insuffisance,
Messieurs, que chacun de vous porte profondément gravés
en son cœur les traits de notre chère France !

Aussi le patriotisme est-il un des amours dont Dieu
lui-même a ouvert la source au cœur de l'homme. C'est
un amour inné ; et je lui appliquerais, sans exagération,
ces paroles d'un aimable poète du grand siècle :

> Le plus saint des devoirs, celui qu'en traits de flamme
> La nature a gravé dans le fond de notre âme.....

Et ces autres paroles d'un poète bien plus voisin de nous :

> L'homme n'enseigne pas ce qu'inspire le ciel !

L'humanité a connu cet amour dès ses premiers pas
dans le monde.

Jacob l'ayant emporté au pays d'Égypte où son fils était
tout-puissant, adressa à Joseph, avant de mourir, cette
unique recommandation : « Tu ramèneras mes restes
au tombeau de mes pères. » Amour du sol survivant à la
mort !

Rome et la Grèce ont enfanté des prodiges d'amour
patriotique qui ne s'énumèrent ni ne se racontent.

Et Notre-Seigneur Jésus-Christ, Messieurs, a versé sur
sa patrie aveuglée et ingrate les larmes les plus sainte-
ment passionnées, les plus tendrement divines.

Que vous dirai-je encore ?

Il n'est pas jusqu'à l'étymologie qui ne soit ici ex-
pressive, éloquente : PATRIE ! cela renferme tout ce que

l'amour paternel a de plus fort, tout ce que l'amour maternel a de plus tendre. C'est mâle comme un homme à la racine : *Pater ;* c'est doux comme une femme à la terminaison : *Patria !*

Et quand cette patrie s'appelle la France, Messieurs, soit qu'on considère la configuration de son sol que le savant Strabon appelait providentiellement choisi, soit qu'on interroge son drapeau, soit qu'on étudie ses gloires, ses malheurs même, il n'y a plus qu'une patrie après laquelle on puisse rêver, et cette patrie n'est pas de ce monde !

Jeanne le pensait ainsi, toute naïve qu'elle fût. Aussi elle aima ce sol, ce drapeau, cette histoire, d'un amour profondément naturel ; car l'objet de cet amour était visible, tangible, extérieur..... C'étaient des arbres, des ruisseaux, des cités, un peuple, un roi... une patrie enfin, et — ce qui ajoute un impérieux motif à tout amour vrai — une patrie malheureuse. Car « la France d'alors était désespérée et mourante, tendant aux derniers coups de l'étranger son sein déchiré par ses propres enfants, et perdant le reste de son sang par les mille blessures de cette guerre qui avait duré cent ans ! »

Voilà ce qu'elle vit avant d'entreprendre l'œuvre de la rédemption, cette ingénue et intrépide paysanne. Voilà ce qu'elle aima avec son cœur de femme et de Française.... avec son cœur de chrétienne !

II

Le surnaturel !

Messieurs, je ne vous donnerai pas une définition purement théorique et abstraite de ce mot. Appliqué au sujet qui retient ici votre admiration, le surnaturel est ce que j'appellerai le *sursùm corda* de la vie humaine ; l'habitude de porter haut son intention et son cœur, dans les plus familières affections de ce monde, dans les plus humbles évolutions de l'existence ; ce qu'un saint a ainsi défini : *Voir Dieu dans les créatures, et voir les créatures en Dieu.* Et il ajoute : « Il n'y en a pas de si petite au front de laquelle ne soit gravé ce que le Psalmiste appelle *la lumière du visage de Dieu !* »

Or, quand cette créature n'est ni un brin d'herbe ni un chêne, ni une goutte de rosée ni une étoile, ni un vermisseau ni un archange..... mais quand elle est la Patrie, la France,.... le surnaturel est si facile, Messieurs, j'allais dire il est *si naturel* au patriotisme, que, en vérité, il y aurait à l'exclure plus de difficultés qu'il n'en doit falloir chez nous pour le bien pratiquer.

Et comment, en effet, ne pas lire le nom de Dieu au front de cette créature merveilleuse qui s'appelle la France ? Comment aimer, sans penser à Dieu, ce sol, ce drapeau, cette histoire, ces foyers et ces autels, cette patrie enfin, de laquelle un étranger a eu la générosité d'écrire : « Tout homme a deux patries : la sienne et la France (1) ? »

(1) César Cantu, *Hist. universelle.*

Ah! Messieurs, depuis que descendirent dans la piscine où Clovis fut baptisé les vérités et les libertés qui ont consacré l'identité de notre pays, la France n'a pu être aimée que d'un amour surnaturel! Et c'est ainsi que Jeanne la vit, et c'est ainsi qu'elle l'aima :

« Le peuple choisi, le chevalier de l'honneur et de la vérité, le soldat de Dieu, la nation fille aînée de l'Église, » voilà les traits, les grandes lignes qui provoquèrent son amour, et lui firent ajouter un nom de plus à la liste de ces lieutenants de Dieu dans le monde : *Gesta Dei per Francos !*

De l'amour à l'action, il n'y a qu'un atome, un clin d'œil, la distance qui sépare le corps de son ombre, la lumière de son reflet.

Le surnaturel fait donc son apparition immédiate, nécessaire, dans la conduite aussi bien que dans l'amour. Qu'il s'agisse d'un verre d'eau froide donné à un pauvre, ou de tout le sang des veines donné à la patrie..... le surnaturel constitue le suprême honneur et le suprême mérite de tout amour et de toute action : du patriotisme par conséquent.

C'est lui, le surnaturel, qui, laissant au patriotisme antique son incontestable valeur, a créé la différence éternelle qui existe entre les Scipion et les Bayard, entre les Cornélie, les Flavie et les Clotilde, les Blanche de Castille, les Jeanne d'Arc, et l'éternelle supériorité des héros chrétiens sur les héros païens !

C'est lui, le surnaturel, qui met Dieu au principe, aux moyens et à la fin de toutes les entreprises auxquelles le patriotisme convie; c'est l'alpha et l'oméga de cet amour incomparable, sacré, sur la place publique et sur les champs de bataille, au palais et dans les temples, partout enfin, partout et toujours !

III

Messieurs, ne vous y trompez pas : cette habitude d'introduire le surnaturel dans la vie la plus pratique, c'est tout simplement ce que l'on est convenu d'appeler *la sainteté ;* parce que si, d'une part, rien n'est petit de ce qui est entrepris pour Dieu, continué par sa grâce et achevé pour sa gloire.... d'autre part, rien n'est perdu de ce qui demeure après nous, de ce qui ne périra jamais, parce que Dieu le garde. Or, telles sont les œuvres humaines surnaturellement accomplies, soit dans la chaumière paternelle de Domremy, soit dans les fossés de Compiègne où sur les tourelles d'Orléans ! *Opera illorum sequuntur illos* (1) !

La sainteté a des degrés, des caractères personnels, originaux : elle fait ressembler les âmes à ces étoiles du firmament, qui toutes sont brillantes d'un vif éclat, mais entre lesquelles il y a des différences encore : *Stella à stellâ differt in claritate.*

La sainteté est l'ensemble, la réunion de toutes les vertus (2) dans une âme ; mais les vertus sont « les sœurs

(1) Apocalypse, xiv, 13.
(2) *Qui habet omnes virtutes, ille sanctus est.* (S. Bonaventure.)

d'une même famille, les rayons d'un même soleil, les anneaux d'une même chaîne, » en sorte que celui qui a réussi à introduire véritablement dans son cœur et dans sa vie une vertu principale est assuré d'y voir entrer toutes les autres par voie de conséquence.

Quand l'Église ambitionne pour quelqu'un de ses enfants l'honneur du culte public, les autels dont elle-même dispose, elle requiert dans ses délibérations sages, lentes, savantes, des conditions dont elle ne se départ pas, et sur lesquelles je dois vous édifier.

La première de ces conditions, c'est que le futur élu, le candidat à la canonisation, ait pratiqué à un degré éminent, *héroïque*, comme disent les canonistes, les vertus théologales : la Foi, l'Espérance, la Charité, et les vertus cardinales : la Justice, la Tempérance, la Prudence, la Force.

Messieurs, nous devons être avec l'Église profondément soumis, absolument discrets ; heureux à l'avance des décisions qu'elle croira devoir prendre, quelles qu'elles soient ; mais ces sentiments ne nous interdisent en rien de signaler les principaux motifs de nos espérances.

Et c'est ici que j'entre dans le vif de mon sujet, et que je dois vous montrer Jeanne d'Arc, au double flambeau de la théologie et de l'histoire.

IV

Ils ont dit : Hérétique !

L'hérésie, c'est le crime de la tête, l'orgueil de la raison s'élevant contre la foi, qui est le fondement de toute religion, la pierre angulaire de toute sainteté, la suprême loi et la nécessaire matière de tout le surnaturel.

Ah ! Messieurs, que la foi de cette jeune fille a été pure, naïve, discrète, humble, confiante, éclairée, forte, inébranlable !

Saint Antonin, cité par Benoît XIV (1), énonce les signes auxquels on peut discerner cette vertu, et les degrés éminents auxquels elle peut être portée :

Un goût très-prononcé pour les choses de Dieu ;

Le mépris des choses terrestres, en vue des éternelles;

La confiance absolue en Dieu dans les adversités ;

La pratique constante des actions vertueuses.

Dans le seul énoncé de ces règles, Messieurs, vous reconnaissez le panégyrique de Jeanne d'Arc qui continue.

La voyez-vous « s'oublier au fond de la petite église, en extase devant les saintes images qui resplendissent sur les vitraux ? Elle est encore une enfant, et, déjà grande patriote, elle prie les saints du paradis pour la France, dont les malheurs ont prématurément frappé son oreille et son cœur.

(1) Au livre de la *Canonisation des saints.*

2

« Elle implorait ardemment le Seigneur, et ses anges et ses saints, qu'on lui avait appris à considérer comme des intermédiaires entre l'homme et Dieu.

« Un sentiment unique, exclusif, la piété et l'amour de la patrie, envahissait peu à peu tout entière cette âme passionnée et profonde.

« Et si le royaume de France lui était si cher, c'est qu'elle l'appelait le royaume de Jésus. »

Quels sentiments ! quel langage ! quelle foi !

« Toutes ses lettres sont écrites, toutes ses actions sont entreprises avec cette devise : *Jesus, Maria.* »

Les gens d'armes batailleront, disait-elle, *et Dieu donnera la victoire.*

Et quand cette victoire est complète, Jeanne crie au général anglais : *Rends-toi au Roi des cieux, Glacidas, car j'ai pitié de ton âme et de celle des tiens* (1).

Cette foi religieuse, ascétique, exerçait une influence immédiate et décisive sur son courage guerrier. Elle élevait son patriotisme, elle le nourrissait, elle le faisait vivre : *Justus ex fide vivit* (2). Écoutez ce récit :

« Au début de la campagne, Jeanne reçut la communion devant l'armée rangée en bataille.

« Une multitude de soldats, passant brusquement de la débauche et de l'indifférence à l'enthousiasme de la foi, vinrent s'agenouiller devant les prêtres qui entouraient Jeanne et se mettre en état de grâce : *in bono statu.*

(1) *Journal du siége*, t. IV, p. 16.]
(2) Rom. I, 17.

« En tête des troupes s'avançait la cohorte des prêtres, — les aumôniers militaires n'étaient pas marchandés en ce temps à nos armées françaises, — chantant le *Veni creator Spiritus,* cette hymne sublime de l'Esprit de vie qui semble n'être d'aucune époque, tant l'éternelle vérité y brille d'une splendeur sans nuage !

« L'esprit invoqué avait répondu ; son souffle emportait cette armée du Seigneur (1). »

Quel spectacle de patriotisme surnaturel, Messieurs !

Résumons cette vie comme saint Paul résumait celle des grands croyants de l'ancien monde :

« C'est par la foi » que Jeanne a cru à sa mission et qu'elle est partie, en dépit de tout et de tous, disant : *Quand je saurais d'user mes jambes jusqu'aux genoux, il faut que j'aille trouver le Roi et délivrer la France : Fide, fide !*

« C'est par la foi » — par sa foi intérieure et par l'exemple qu'elle en a donné — qu'elle a entraîné sous sa bannière les soldats les plus hésitants d'abord, et bientôt après recouvrant le courage : *Fide, fide !*

« C'est par la foi » qu'elle s'est battue, qu'elle a résisté à tous les obstacles et que définitivement elle a vaincu : *Fide, fide !*

« C'est par la foi, » enfin, qu'elle a vécu, qu'elle a souffert et qu'elle est morte, comme ses illustres prédécesseurs : *Juxta fidem defuncti sunt isti* (2) !

« O femme ! que votre foi est grande ! » lui dirons-

---

(1) Henri Martin, t. VI, p. 161.
(2) Hébreux, XI, 13.

nous, avec une exclamation empruntée du Sauveur lui-même : *O mulier, magna est fides tua* (1)! Bienheureuse êtes-vous, ô Jeanne! et, nous l'espérons, *béatifiée* serez-vous par l'Église, pour cent autres motifs sans doute, mais bienheureuse et béatifiée, parce que vous avez cru! *Béata quæ credidisti* (2)!

V

Apostate! Qu'est-ce à dire? Une chrétienne baptisée qui serait sortie du giron de l'orthodoxie, une fille de l'Église qui aurait renié sa mère!... Une héroïne dont la vie aurait été, avant la fin, souillée par une désertion, par une trahison!

Jeanne d'Arc trahir votre cause, ô mon Dieu! Jeanne d'Arc déserter vos bataillons, ô Église du Christ! Non, non! honte et opprobre aux lâches et aux traîtres qui, la jugeant à leur mesure, l'ont accusée d'avoir fait ce qu'elle n'était pas même capable de comprendre!

Messieurs, ce fut au contraire le grand effort ou, pour dire plus vrai, la plus familière habitude de son noble cœur, d'aimer passionnément et de confondre en une invincible fidélité la *Patrie* et l'*Église* :

— « L'Église, c'est nous, lui disaient ses accusateurs : vous refusez donc de croire à l'Église? »

Oui, elle refuse, avec toute l'énergie dont cette forte

(1) Matthieu, xv, 28.
(2) Luc, i, 55.

enfant est capable, et c'est de ce refus qu'ils ont tiré leur accusation : *apostate !*

Oh ! les perfides ! oh ! les cruels !

Et qu'importe qu'ils soient des moines ou des évêques? Loin de les soustraire à la sévérité de nos jugements, leur caractère et leur titre appellent plus énergiquement notre indignation.

Sans doute, l'une des plus vivantes notes de l'Église, c'est la *sainteté ;* mais n'oublions pas que les membres qui la composent, à tous les degrés de la hiérarchie, sont *des hommes !*

Or, une des preuves les plus éclatantes de sa divinité, c'est d'avoir résisté, non seulement à l'astuce de ses ennemis et à la cruauté de ses persécuteurs, mais encore aux erreurs de ses propres enfants, aux fautes de ses propres ministres.

De pareils aveux nous pénètrent de tristesse, bien plus encore qu'ils ne nous couvrent de confusion. Mais nous n'essaierons jamais de justifier ce qui est injustifiable, ni dans les fidèles, ni dans le clergé, ni dans le passé, ni dans le présent. L'Église, pour demeurer grande, n'a pas besoin de ces mensonges. Laissons passer les hommes avec leurs faiblesses et avec leurs crimes : l'Église demeure avec ses immuables certitudes, avec l'inflexible rigidité de ses principes et la fécondité de ses miséricordes !

Venez, Messieurs, afin de reposer un peu votre esprit chrétien, assister à la réponse la plus prudente et la plus ferme, la plus péremptoire et la plus modeste, la plus naïve et la plus théologique qu'un docteur aurait pu leur faire :

— *Menez-moi au Pape,* dit Jeanne, *menez-moi au*

Pape, et je lui répondrai. A la bonne heure ! voilà de l'orthodoxie, et elle ajoute : *Je tiens et je crois que nous devons obéir à Notre-Seigneur le Pape qui est à Rome.*

L'entendez-vous, Messieurs, cette prudente disciple de Jésus enfant au milieu des docteurs? N'oublions pas qu'il s'agit de doctrine: *Être avec l'Église ou contre l'Église,* voilà la thèse.... Et elle dit pour toute réponse : *Que l'on me mène au Pape !*

O chère petite ! vous étiez près de cinq siècles à l'avance le héraut inspiré de l'infaillibilité pontificale, vous anticipiez sur la décision du concile œcuménique du Vatican ; pleine de respect, vous appliquiez au Pape, sans fanatisme ni peur, la qualification que l'Église a coutume d'appliquer à Jésus-Christ ; parce que le Pape était, dans votre esprit inculte et éclairé, la personnalité la plus voisine du divin fondateur de l'Église : *Notre-Seigneur le Pape!* disiez-vous ! Il tient en effet la place de *Notre-Seigneur Jésus-Christ.* Et vous aviez raison. O Pie IX, vous avez dû être bien content d'elle, en la retrouvant naguère au séjour de l'orthodoxie couronnée !

Ainsi, Messieurs, pendant que ses accusateurs ont rangé cette intrépide croyante dans la cohorte des Arius et des Julien l'Apostat, nous ambitionnons pour elle une place parmi tout ce que les annales du catholicisme enfantèrent de plus sage, de plus dévoué, de plus fidèle.

O France ! pays de l'orthodoxie catholique et de la chevalerie guerrière, souviens-toi de ces vieux liens qui unirent à l'Église de Rome l'Église de tes premiers âges et l'Église de ces âges héroïques ;

Et quand les temps et Dieu t'auront rendu, dans les

conseils du monde, cette prépondérance qui ne saurait
être perdue pour toi sans retour si tu es fidèle à tes des-
tinées, redeviens ce que te promettait, ce que t'imposait
jadis un grand Pape :

La colonne de fer de l'Eglise romaine.

VI

La troisième accusation clouée au poteau de Rouen
était : IDOLÂTRE.

Une insensée, refusant à Dieu le culte qui lui est
dû, pour prostituer son cœur à des créatures et à soi-
même.

L'adoration de la chair en autrui et en soi, l'amour
effréné de l'or et de l'argent, la cupidité..... *argentum et
aurum* (1)..... *quorum Deus venter est* (2), et le reste :
voilà l'idolâtrie !

O Jeanne ! je vous demande pardon d'évoquer devant
votre pure mémoire ces grossières insultes ; mais elles sont
le thème que j'ai adopté pour faire le panégyrique de votre
charité, de votre *chasteté* :

« Elle aima Dieu par-dessus tout.

« Elle fut ardente, passionnée pour la gloire divine, à
laquelle elle avait coutume de tout rapporter ;

(1) Ps. 113.
(2) Philipp., III, 19.

« Versant sur les hommes et sur la patrie le trop plein de son cœur, sa charité ;

« Fort aimée pour sa grande bonté et secourable à toutes les infortunes. »

Messieurs, voici, à propos de la charité héroïque, ce qui est écrit : *Si quelqu'un aime son père ou sa mère plus que moi, il n'est pas digne de moi.* Mais réciproquement : si, à l'heure d'un appel sérieux, un être intelligent et libre aime Dieu plus que tout, y compris son père et sa mère, évidemment ce *quelqu'un* est en possession de la charité la plus parfaite :

A ce [moment solennel, la plus humble créature se redresse noblement, comme saint Pierre disant à Dieu : *Seigneur, nous avons tout quitté pour vous suivre ; que nous donnerez-vous ?* — Et le Seigneur répondit : *En vérité, en vérité, je vous le dis : vous serez avec moi sur des trônes* (1).

« Les parents de Jeanne perdirent le sens en apprenant son départ et son dessein. Elle leur fit écrire qu'elle les priait de lui pardonner. » Ce fut sa plus rude épreuve : elle, si soumise, si pieuse fille, être contrainte de choisir entre la parole de ses parents et celle du Père céleste : elle n'hésite pas !

Et cependant, ce n'est ni froideur, ni dureté.

« J'aimerais mieux, dit-elle, rester à filer auprès de ma pauvre mère, mais il faut que j'aille : *Messire le veut* (2) ! »

Allez, chère enfant ; consciente de tout ce qui vous

(1) Luc, xviii, 28.
(2) Déposition de Jean de Novelampont, *Procès,* t. II, p. 435.

attend, partez pour cette Chartreuse, pour cette Trappe, pour ce Carmel (1) d'un genre tout particulier. Prenez votre épée de Fierbois et votre bannière, et montez à cheval. Saluez cette chaumière natale, où vous laissez la moitié de votre cœur, ces arbres, ces champs que vous ne reverrez plus, ce père, cette mère surtout !

Soyez le Pierre l'Ermite et le Godefroy de Bouillon de cette nouvelle croisade. *Dieu le veut ! Dieu le veut !* criaient les premiers ; et vous avez répété, sans vous en douter, la même parole : *Messire le veut !... Messire le veut !...*

Obéissante à cette volonté, vous avez préféré Dieu à tout ; et quand sa voix eut parlé, vous n'entendîtes plus rien.

Et voilà comment elle aima *Messire Dieu.... Ecce quomodo amabat* (2) !

Nous voici dans des régions surnaturelles, Messieurs ; et je vous prie de remarquer que cette charité n'a pas

---

(1) C'est ici le cas de signaler un rapprochement frappant entre Jeanne d'Arc et sainte Thérèse :

« Je crois pouvoir dire avec vérité que quand j'aurais été prête à rendre l'esprit, je n'aurais pas souffert davantage que je ne le fis au sortir de la maison de mon père. Il me semblait que tous mes os se détachaient les uns des autres, parce que mon amour pour Dieu n'était pas assez fort pour surmonter entièrement celui que j'avais pour mon père et pour mes proches, et il était si violent que si Notre-Seigneur ne m'eût assistée, je n'aurais pu continuer dans ma résolution. Mais il me donna la force de me surmonter moi-même, et ainsi je l'exécutai. » (*Vie de sainte Thérèse,* écrite par elle-même.)

Quelle similitude entre ces deux âmes ! On sait ce que les casuistes ont pensé de la réformatrice du Carmel : on en peut augurer ce que les casuistes penseront de la libératrice de la France.

(2) S. Jean, III, 36.

d'autre but qu'une patrie à défendre, à racheter, à sauver !
C'est donc la charité héroïque au service du patriotisme.

Et nous ne sommes pas au plus haut sommet :

Renoncer à tout pour suivre la voix de Dieu, c'est
une grande vertu ; mais se renoncer soi-même, c'est plus
méritoire encore, car cela est plus difficile.

Abneget semetipsum (1). Voilà le dernier terme !

Se renoncer dans la pratique constante de l'humilité (2) !

S'oublier dans les travaux accomplis et dans la gloire
obtenue !

Enfin se mortifier, dans la volontaire négligence des
nécessités corporelles, dans la conservation de l'intégrité
virginale, malgré les agitations intérieures et les dangers
venus du dehors...

Passer au milieu du monde le plus séducteur et le plus
pervers, comme ce rayon de lumière qui pénètre les im-

(1) Matthieu, xvi, 24.

(2) L'humilité étant le fondement de toute sainteté, cette vertu a dû
trouver sa place dans la vie de Jeanne d'Arc. Voici une des occasions où
elle s'est le plus hautement manifestée :

Lorsque la Pucelle quitta Orléans pour se rendre à Loches, où était
Charles VII, « un enthousiasme inexprimable l'accueillit partout sur son
passage ; les populations entières se jetaient à genoux autour d'elle ; ceux
qui n'étaient pas assez heureux pour pénétrer jusqu'à elle et pour baiser
ses mains et ses vêtements baisaient la trace des pas de son cheval. »

La simplicité, l'abnégation de Jeanne ne se démentirent pas un instant
parmi ces enivrants hommages ; elle eût voulu se garder de ces adora-
tions ; elle craignait que Dieu s'en offensât, et, avec son admirable bon
sens, elle en sentait le péril pour elle-même : « En vérité, disait-elle, je
ne saurais me garder de telles choses, si Dieu ne me gardait ! » (Inter-
rogatoire du 5 mars 1431, *Procès*, t. I, p. 102. — Dépositions de Barbin
et de Beaucroix, *ibid.*, t. III. p. 82-84.) — Henri Martin, t. VI, p. 172.

mondices de la terre, les atmosphères les plus empoisonnées, sans rien contracter de leur souillure.....

Avoir un corps, enfin... et porter en cette prison de boue une âme constamment angélique, un cœur toujours virginal, à ce point que la chair elle-même en paraisse, en devienne toute spiritualisée..... *Angelus in corpore...* Ce privilége des Louis de Gonzague et des Catherine de Sienne, cette prérogative de tous les êtres destinés à *suivre l'agneau partout où il ira....* ce fut le trait distinctif et parfaitement prouvé de notre héroïne.

« Toute jeune, belle et bien formée qu'elle fût, il y avait en elle une vertu secrète qui écartait les désirs charnels. Ces jeunes soldats qui vivaient dans son intimité semblaient la prendre pour un être d'un autre nature, plutôt que pour une femme (1).

« Sa vertu avait cet essentiel caractère, non seulement d'inspirer le respect, mais encore d'être communicative d'elle-même.

« On la vit commander avec une force incroyable aux nécessités de la nature, passant des journées entières sans descendre de cheval, sans boire ni manger. S'il en faut croire ses écuyers, elle ne connut pas les infirmités de son sexe (2). » La vérité est qu'elle les domina...

Et un jour, Messieurs, on lui infligea l'outrage d'une démonstration inouïe à laquelle la propre belle-mère du roi prêta ses expériences de vieille matrone (3).

---

(1) Déposition de Jean d'Aulon, son écuyer, citée par H. Martin, t. VI, p. 157.

(2) *Procès,* t. III, pp. 100, 219.

(3) C'était dans l'opinion du moyen âge la meilleure preuve que Jeanne ne tirait pas sa révélation de l'enfer. (Henri Martin, *ibid.*)

Tant pis pour ceux qui eurent cette audace cynique ; tant mieux pour les prédicateurs de sa chasteté. Dieu le permit ainsi, sans doute, afin qu'aux jours bien reculés où ses compatriotes demanderaient pour elle les honneurs que nous espérons, elle pût être classée d'avance et sans nouvelle discussion parmi les vierges de Jésus-Christ.

Ce fut là, Messieurs, — non pas son idolâtrie, — mais son *amour*, sa *passion*, son *culte*.

Et comme cette tempérance extrême et cette invariable pureté conféraient le plus grand honneur à sa mission patriotique, comme elles lui étaient nécessaires, il est hors de doute que sa conscience envisageait à la fois Dieu et la France dans le familier exercice de ces sublimes vertus !

Elle fut vierge pour Dieu, et vierge pour la France !

VII

Et c'est elle qu'ils ont traitée de RELAPSE.

Selon eux, *elle retombait* dans les mêmes erreurs. Nous disons, nous : *elle s'élevait* constamment aux mêmes sentiments ; elle pratiquait sans relâche les mêmes vertus, hier, aujourd'hui, demain, toujours, jusqu'à la fin, jusqu'à la mort, comme le Christ son Jésus : *In finem* (1).

Voilà sa manière de retomber.

Fermeté, constance, résignation, tout ce qui crée la

(1) S. Jean, XIII, 1.

force chrétienne, tout ce qui la fait grandir et la couronne, réside dans le contre-pied de cette parole : *relapse*.

Dites inébranlable, inguérissable, inconvertissable, tout ce que vous voudrez de pareil, vous ne vous tromperez pas.

Et vous signalerez son plus glorieux caractère.

Comment, en effet, espéreriez-vous la corriger d'aimer Dieu, sa patrie, son roi ?

Insensés que vous êtes! Elle eût vécu cent ans qu'elle eût toujours recommencé ; et cette fidélité, cette âpreté, malgré les obstacles, est la plus divine note de sa mission et de son mérite.

« Jeanne, tu seras prise avant la Saint-Jean ; il faut qu'il soit ainsi fait ; ne t'étonne point ; prends tout en gré : Dieu t'aidera ! »

Prise! elle qui devait chasser les Anglais !

Vaincue! elle, l'ange de la victoire!

« Elle s'incline devant ce mystère, et loin de fuir ou même de se laisser abattre, elle s'apprête au martyre comme naguère au triomphe, demandant seulement à ses frères du paradis de lui épargner les misères de la captivité prolongée, et de lui obtenir la grâce d'une prompte mort. »

Du reste, même sérénité, même vaillance jusqu'au bout, plus admirable encore par une telle force d'âme qu'elle ne l'était auparavant par l'enthousiasme d'une victoire assurée. Digne héritière de saint Louis que les mamelouks trouvèrent plus grand dans les fers que sur le trône.

L'heure terrible de la prédiction arriva :

« Rendez-vous, baillez la foi, lui criait-on en la désarmant. — J'ai juré, répondit-elle, et baillé ma foi à un autre que vous; je lui tiendrai mon serment... »

Oh! la sublime manière de capituler et de rendre son épée! Il faut qu'on la lui arrache!

La période de la lutte — de la lutte sur les champs de bataille — était achevée; c'était la période du martyre qui commençait (1)!

J'ai dit le mot, Messieurs : *martyre,* dans le sens le plus religieux. Oui, elle fut aussi véritablement martyre qu'elle fut vierge.

Martyre de sa foi, de sa piété, de sa mission, de son patriotisme, de son dévoûment à l'Église, de sa fidélité au Pape, de son invariable constance en ses sentiments et en ses vertus.

C'est pour cela qu'ils l'ont tuée, brûlée... comme les vieux proconsuls tuèrent Agnès et Cécile.

C'est pour cela qu'elle est une sainte!

Une rétractation aurait tout arrêté; une abjuration l'aurait rendue à la liberté et à sa mère.

Elle n'en a pas dit le mot; car nul historien n'a regardé comme sérieuse cette rétractation momentané-

---

(1) Ce serait ici le lieu de raconter ses longues luttes contre l'ingratitude et la nullité du chef, contre la basse jalousie et l'orgueil incapable des courtisans.

Elle succombait aux manœuvres de ceux en faveur desquelles elle avai accompli tant de miracles.

« Ils étaient parvenus à repousser la main de la Providence, et à faire manquer la mission de Jeanne.

« Jeanne sentit l'œuvre de Dieu faillir par l'ingratitude des hommes.

« Période pleine de troubles d'âme et de douleurs ignorées; transition obscure entre les splendeurs de la victoire et celles du martyre. Le jardin des Oliviers devait durer sept mois pour la Pucelle. » (Henri Martin.)

ment arrachée à sa main sous le bâillon que les bourreaux mirent à sa conscience, parmi des tortures morales
auprès desquelles le fer rouge et le bûcher déjà prêt
n'étaient encore rien. Regardez, écoutez !

Debout sur ce bûcher définitivement allumé, en face
du crucifix que, sur sa demande, on a élevé tout droit
devant ses yeux, elle dit d'une voix forte : *Tout ce que
j'ai fait, je l'ai fait par l'ordre de Dieu.* Pendant ce
temps, la flamme monte ; Jeanne pousse un dernier cri :
Jésus ! Et penchant sa tête, elle rend son âme au Dieu
qui l'avait envoyée. *Et inclinato capite, tradidit spi-
ritum* (1).

Messieurs, si le martyre, c'est-à-dire le témoignage qui
se fait par la libre déposition de la vie, n'était pas là,
où le trouverions-nous ?

Mais il est là, Messieurs ; il est là dans toute sa plé-
nitude, dans toute sa fécondité, dans toute sa gloire. On
se croirait au Calvaire, et ce dernier soupir du Messie
de notre France rappelle le dernier soupir du Messie qui
a sauvé le monde.

Or, Jésus, le Roi des martyrs, avait dit cette parole :

« Nul ne peut donner à celui qu'il aime une marque
plus évidente de son amour que de mourir à sa place. »

Dieu a fait cela pour nous ; Jeanne a fait cela pour
Dieu et pour la patrie. Jeanne est une martyre, Jeanne
est une patriote, Jeanne est une sainte.

(1) S. Jean, xix, 30.

VIII

Messieurs, indépendamment de ces vertus pratiquées à un degré héroïque, l'Église a coutume d'exiger, pour la canonisation des serviteurs de Dieu, deux autres conditions : la première, c'est qu'ils aient opéré des miracles ; la seconde, c'est qu'ils aient joui d'une notoire réputation de sainteté.

Est-ce que les miracles ont manqué à la vie de Jeanne ? Est-ce que sa vie n'est pas un miracle continuel, un *miracle*, Messieurs, dans le sens le plus rigoureux de cette expression ?

Comment appellerez-vous son *inspiration*, sa *mission* et les œuvres qui y concordent, si vous ne qualifiez pas tout cela de *miraculeux* ?

Qu'est-ce que cette prudence d'un enfant ne sachant ni lire ni écrire, triomphant de l'espace au point de voir distinctement et de juger les êtres absents, et triomphant du temps au point de parler comme les prophètes (1) ?

---

(1) Il importe de remarquer les témoignages directs de Jeanne sur sa mission :

« Roi d'Angleterre, et vous, duc de Bedfort... faites raison au Roi du ciel : rendez à la Pucelle qui est ci envoyée de par Dieu, le Roi du ciel, les clés de toutes les bonnes villes que vous avez prises en France. Elle est ci venue de par Dieu pour réclamer le sang royal. » (Extrait d'une lettre ainsi datée de Poitiers : « ce mardi, semaine sainte, 22 mars. ») *Procès*, t. I, p. 240; t. IV, p. 139, 215, 306; t. V, p. 26.

Le jour de la défaite des Français à Rouvrai, Jeanne, dans une agitation

Et sa science stratégique, Messieurs, comment l'apprécierez-vous, vous qui avez tant étudié ces questions de l'attaque et de la défense, de l'action en avant et de la retraite?... Où a-t-elle puisé ces notions? Qui lui a dit que, contrairement à l'opinion des chefs, la rive droite de la Loire est plus propice à une attaque que la rive gauche? Qui? Satan ou le Saint-Esprit. Pas de milieu.

Relisez, avec la préoccupation particulière d'y découvrir un miracle, mais sans exaltation, sans parti pris, l'histoire de ce fameux siége d'Orléans; depuis le moment où elle entra chez vous « armée de toutes pièces, montée sur un cheval blanc, faisant porter devant elle sa bannière, allant droit à la cathédrale, aux acclamations des bonnes gens de la ville, hommes, femmes et petits enfants, qui fai-

extrême, courut chez Baudricourt et lui dit : « En nom Dieu, vous mettez trop de temps à m'envoyer, car aujourd'hui gentil Dauphin a eu près d'Orléans un bien grand dommage, et l'aura-t-il encore plus grand, si vous ne m'envoyez bientôt. »

Qui lui a révélé cette défaite à peine accomplie? Je suis presque tenté de [vous demander : Par quel fil conducteur a-t-elle reçu cette dépêche privée?... Par en haut, Messieurs, par en haut! Et c'est là le miracle.

« La population de Vaucouleurs, sympathique au dévoûment de Jeanne, s'apitoie sur cette belle jeune fille, qui allait se jeter à travers tant de périls : « Ne me plaignez pas, leur cria-t-elle, en poussant son cheval sur la route de France : *C'est pour cela que je suis née... personne que moi ne peut recouvrer le royaume de France !* »

« Quel mystère sublime de sa destinée, dit un historien non suspect, se révélait à elle en ce moment? Dieu seul peut le savoir. » Mais le Messie n'en disait pas plus à ses contemporains, quand il leur annonçait sa mission rédemptrice : *Ad hoc venit filius hominis in hunc mundum, ut salvetur mundus per ipsum.* (S. Jean, VII, 37.)

Et quand elle va droit au Roi, qu'elle reconnaît sans l'avoir jamais vu, et qui s'était déguisé au milieu de ses courtisans, pour la tromper ou tout au moins pour l'éprouver : « Je vous dis que Dieu a pitié de vous, de

3

saient telle joie comme s'ils vissent Dieu descendre parmi eux.... » jusqu'au moment où on vint lui dire : « Les Anglais ont le dos tourné, » et où elle répondit : « Laissons-les partir, et allons rendre grâces à Dieu. » Relisez une fois de plus cette page que vous savez par cœur comme une page de votre catéchisme orléanais ; écoutez les paroles, considérez les êtres, regardez le sang...

Observez au milieu de l'action, quand tout semble désespéré pour Jeanne, cette inaction, cette démoralisation subitement produite chez les ennemis, cette exaltation, cet enthousiasme soudain chez ses soldats..... Et vous penserez d'instinct, non pas seulement à Bouvines et à Saint-Jean-d'Acre ou Sébastopol, mais à Jéricho et à Béthulie, à Gédéon, à Samson, à Judith, à tous ces grands événements de guerre que le miracle divin a frappés d'un sceau

votre royaume et de votre peuple ; car saint Loys et Charlemagne sont à genoux devant lui en faisant prière pour vous. »

Comment savait-elle qu'il y avait dans l'histoire de France un saint Loys et un Charlemagne, elle qui s'accusait avec une humble fierté de ne savoir ni A ni B ?

Si le miracle n'est pas là, où le trouvera-t-on ?

À l'instant où elle entrait au château, elle entendit un soldat proférer une grossière plaisanterie sur son compte, en blasphémant Dieu.

« Ah ! au nom de Dieu, s'écria-t-elle ; tu le renies, et tu es si près de ta mort ! »

Une heure après, cet homme tomba dans l'eau et se noya.

Charles VII l'ayant enfin admise, lui demande un signe secret, — les Juifs aussi demandaient des signes à Jésus. — Jeanne le lui donna, en lui répétant en propres termes une prière que le roi avait faite, prière inconnue de tous et qui n'avait pas même passé par les lèvres de celui qui l'avait prononcée *dedans son cœur*.

On eût dit, rapporte Alain Chartier, témoin oculaire, que le Roi venait d'être visité du Saint-Esprit même, tant l'étonnement et la joie se peignaient sur le visage, peu facile à émouvoir, de Charles VII.

que les siècles ont respecté, à tous ces personnages enfin
qui furent les héros du peuple de Dieu et les saints de
l'Ancien Testament (1) !

Résumons tous ces faits, Messieurs. Elle a dit : « En
nom Dieu, je ferai lever le siége d'Orléans; je mènerai
sacrer le Dauphin à Reims. « Oui ou non, a-t-elle répondu
à l'immense attente que le peuple avait d'elle sur sa parole? Oui, l'histoire est là qui le proclame (2).

(1) Les vainqueurs sentirent mieux tout le *merveilleux* de leur victoire
lorsqu'ils examinèrent à loisir les formidables ouvrages qu'ils avaient
emportés d'assaut ou qu'on leur avait livrés sans combat..... Aussi Orléans
n'attribua-t-il sa délivrance qu'à Jeanne d'Arc et au Dieu qui l'avait
envoyée. Une procession parcourut la ville et les remparts avec des can-
tiques d'allégresse et de reconnaissance. Cette cérémonie s'est perpétuée
de siècle en siècle, sous le nom de *fête de la Pucelle*. (Henri Martin, t. VI,
p. 171. — Chronique de l'établissement de la fête du 8 mai, *Procès*,
t. V, p. 296.)

« Le 4 mai, Jeanne, fatiguée de la chevauchée du jour, se jeta sur le
lit de son hôtesse pour prendre quelque repos ; mais à peine avait-elle
fermé les yeux, qu'elle se réveilla brusquement avec de grands cris :
« *Mes voix m'appellent*..... Le sang de nos gens coule par terre! Mes
« armes ! mes armes ! mon cheval ! »

« Elle s'élance, faisant jaillir le feu des pavés, droit à la porte orientale
de la ville. Une sortie avait été entreprise *à son insu*, — malgré elle. »
(*Procès*, t. V, p. 292.)

Et devant Troyes. — Tous hésitent. — « Ne doutez de rien, s'écrie-
t-elle; je vous introduirai dans la ville par amour ou par puissance. —
Demain vous en serez maîtres. » (Déposition de Dunois et de Simon
Charles, t. III, p. 13, 117. — Chartier, t. IV, p. 73-75. — *Journal du
siége d'Orléans, ibid.*, p. 183.)

C'est un tissu de prédictions réalisées.

(2) Elle avait, il est vrai, étendu plus loin ses promesses, et elle était
assurée de pouvoir les remplir.

Mais « s'il arrivait, écrivait le vieil et illustre Jean Gerson, que la
Pucelle ne remplît pas toute son attente et la nôtre, il n'en faudrait pas

Je comprends donc que ses ennemis l'aient traitée, non pas de folle, c'est trop peu dire, mais de *sorcière* : c'était logique.

Quand les ennemis de Jésus ne purent plus élever de doutes sur l'authenticité de ses miracles, ils ne s'avisèrent plus de les nier; mais ils déclarèrent qu'il les accomplissait au nom de Béelzébuth : c'était aussi logique à leur point de vue : Jésus-Christ était le suppôt de Satan, ou bien il était le Fils de Dieu.

Pas de milieu non plus ici : Jeanne d'Arc est une sorcière, ou bien elle est une inspirée, une sainte!

Elle a trompé le peuple, et son bûcher n'est que le pilori de la justice; ou bien ce bûcher est le piédestal de son apothéose!... Enfant du miracle à sa mort, comme elle le fut pendant toute sa vie.

Que pensez-vous, Messieurs, de ce dilemme, et quelle est votre conclusion?

conclure que les œuvres qui ont été faites soient l'œuvre de l'esprit malin plutôt que de Dieu... il pourrait arriver, ce qu'à Dieu ne plaise, que nous soyons trompés dans notre attente, à cause de notre ingratitude et de nos blasphèmes (*).

« Il y eut dans la France du XVe siècle des hommes qui conspirèrent pour repousser de leur peuple le bras du sauveur et pour faire *mentir Dieu*. » (Henri Martin, t. VI, p. 196.)

(*) Gerson écrivit cela le 14 mai et mourut le 12 juillet.

IX

La congrégation romaine requiert en outre les témoignages publics en faveur de ceux qu'elle déclare saints.

Cette sagesse administrative, ces habitudes invariables montrent le cas qu'elle sait faire de cette grande voix du peuple, qui est la voix de Dieu quand elle n'a point été viciée par les passions humaines : *Vox populi, vox Dei* (1)!

L'hommage rendu à ce principe électif, Messieurs, n'interdit à aucun des bas sentiments de l'humanité la liberté de se produire; au contraire, « il faut qu'il y ait des hérésies (2), » dit saint Paul, pour assurer le triomphe de la vérité.

Mais quiconque a fortement cru en Dieu et fortement cru en soi-même à cause de Dieu doit s'attendre à toutes les contradictions, à toutes les jalousies ; les plus poignantes et les plus déloyales viennent des êtres mêmes de qui on était en droit d'attendre l'encouragement. Pilate a fondé une race qui ne meurt jamais; mais le Christ a marqué à sa divine effigie toute victime que les Juifs ont calomniée, et partout où s'élève, soit un cal-

(1) Ainsi avaient été choisis et sacrés les plus grands chefs du peuple hébreu... Ainsi furent discernés et élus les diacres et les apôtres... Ainsi fut porté, sur le bouclier devenu son pavois, le premier fondateur de la monarchie française, à cette époque où nos aïeux, les Gallo-Francs, écrivaient en tête de la loi salique : *Le Christ qui aime les Franks.*

(2) Corinth., II, 19.

3.

vaire, soit un bûcher, une résurrection est assurée et un réveil de l'opinion promis en faveur de ceux que la calomnie a le plus violemment poursuivis.

« Pendant qu'elle était traitée de folle par les gens de guerre, de sorcière par les gens d'église, d'ingrate par les gens de sa famille et de son pays, il arriva bientôt un moment où *le cri populaire triompha de la résistance du Roi.*

« Et les vils courtisans furent vaincus par cette houle toujours montante de l'opinion, enfin éclairée et toute-puissante dans sa réaction légitime (1).

C'est surtout dans le procès de réhabilitation qu'il faut lire les témoignages. La tradition la plus immédiate vivait encore. Les témoins disaient d'elle, comme les premiers apôtres disaient de Jésus : « Nous affirmons ce que nous avons vu, ce que nous avons entendu, ce que

---

(1) « Beau spectacle, écrit Alain Chartier, sous une impression toute fraîche encore, que de la voir disputer, femme contre les hommes, ignorante contre les doctes, seule contre tant d'adversaires, joignant le plus grand sens à la plus ardente exaltation.

« Ce fut un triomphal apostolat, lorsqu'elle apparut dans Poitiers, toute illuminée des flammes de l'Esprit, toute transportée d'une joie et d'une impatiences divines, pareille à Jésus au milieu des docteurs... »

Au siège de Paris, trahie devant un fossé plein d'eau, elle déçut l'espoir des traîtres. Sondant le fossé avec sa lance, elle cria qu'on apportât des fagots et des bourrées pour le combler. Elle y persévéra avec une entière confiance, sous une grêle de boulets et de pierres. Et les soldats s'encourageaient en voyant le peu d'effet de toute cette artillerie.

« *C'est la grâce de Dieu et l'honneur de la Pucelle*, disaient-ils, *que l'on ne gagne auprès d'elle que de légères blessures.* » (Perceval de Cagni, *Procès*, t. IV, p. 27.)

Voilà ce que les soldats pensaient d'elle, de sa vertu, de sa sainteté !

nos mains ont palpé (1). » Et tellement puissant fut leur
dire, que le pape Pie II n'eut que des louanges pour
celle qui naguère avait été condamnée au plus cruel sup-
plice (2).

Donc les suffrages de ses contemporains ne lui ont pas
manqué...

L'opinion populaire des générations successives lui a-t-
elle été aussi favorable?

Oui, Messieurs, histoire, poésie, travaux de la plume
et travaux du pinceau, éloges gravés dans le bronze ou

(1) *Actes des Apôtres*, IV, 20.

(2) Le sentiment public en France, et bientôt dans une partie de
l'Europe, était réellement disposé à la croire en toutes choses sur ce
qu'il y avait à faire. L'Italie, l'Allemagne, les Pays-Bas, l'Espagne, étaient
en émoi par les nouvelles de la « sybille de France. »

La gloire de Jeanne était parvenue au-dessus de toutes les gloires,
était surtout d'une autre nature que toute autre gloire. (Henri Martin,
t. V, 188.) De même que sa sainteté était, aux yeux du peuple, autre que
la sainteté ordinaire : c'était la sainteté d'un être descendu du ciel plutôt
que d'un être qui lutte pour gagner le ciel. Le peuple la béatifie de son
vivant, sans attendre l'épreuve de la mort ni la consécration de l'Église.
Il porte au cou des médailles à son effigie, « comme c'est la coutume pour
les saints canonisés ; » il place ses portraits et ses statues dans les
églises ; il fait introduire en son honneur, *dans les offices de l'Église, des
collectes où l'on remercie Dieu « d'avoir délivré son peuple par la main
d'une femme ;* » il l'élève au-dessus de tous les saints, hormis la seule
Vierge Marie ; c'est pour lui comme Notre-Dame armée. Des légions surnaturelles combattent avec les hommes de France. Jeanne commande à
une double armée. Au moment de la marche sur Reims, les pays de
l'ouest ont vu chevaucher vers le nord de grands chevaliers blancs parmi
les airs tout en feu.

La véritable histoire de la mission de Jeanne, obscurcie dès la généra-
tion suivante, était restée jusqu'à nos jours voilée de nuages, qui se dissi-
pent enfin pour la gloire éternelle de l'envoyée de Dieu, pour l'éternelle
flétrissure de ceux qu'elle avait sauvés et qui l'ont trahie. (Henri Martin,
t. VI, p. 189.)

fouillés dans le marbre, tout a payé son tribut à cette mémoire : l'éloquence surtout lui a tressé ses plus belles couronnes.

Il serait instructif, Messieurs, il serait glorieux pour notre patriotisme personnel de tracer ici seulement la nomenclature des panégyristes de Jeanne d'Arc.

Cette lumineuse statistique formerait ce que l'Église appelle *une nuée de témoins*.

Un seul, Messieurs, un seul a fait entendre une note discordante ; un seul a protesté.

Je n'en parlerais pas, tant abondent les louanges des Français à la mémoire de Jeanne, tant il y a de dégoût à remuer, dans la cendre de ceux qui sont morts, les choses honteuses de leur vie.

Mais au moment où nous ambitionnons des honneurs religieux pour la *libératrice du territoire*, — titre dont les Français de 1878 devraient comprendre la glorieuse utilité, — à ce moment une idée sinistre, un projet néfaste sont en voie de se faire jour, de s'accomplir.

On veut — on voudrait — célébrer avec une pompe qui méritât d'être appelée nationale le centenaire de cet homme dont je ne voudrais pas laisser tomber le nom du haut de cette chaire... même pour le flétrir.

Si c'est au théâtre, je m'en inquiète peu ; si c'est à l'Académie, vous en avez le droit, toutes réserves faites sur la moralité des doctrines philosophiques et sociales de cet homme, qui fut un vrai génie, le génie du mal.

Mais dans la rue, mais sur la place publique ! Ah ! de grâce, arrêtez-vous, réfléchissez, et ne profanez pas, en les adressant à un aussi indigne sujet, des acclamations et des enthousiasmes dont le pays ne saurait être complice !

Ediles parisiens, vous pavoiseriez ces Champs-Élysées et cette place de la Concorde, en mémoire de celui qui fut, il y a cent ans, l'ami, le courtisan de nos envahisseurs ! En vérité, autant aurait valu accueillir avec des ovations les Allemands eux-mêmes, en ces jours de lamentable souvenir, où les pieds de leurs chevaux foulèrent notre sol humilié. Les pavés de nos rues s'en souviennent, et ils crieraient contre vous, si vos cœurs l'oubliaient : *Lapides clamabunt* (1) !

Messieurs, il y a huit années, au début de cette guerre, dont l'issue fut pour nous si douloureuse, on entendit, d'un bout de la France à l'autre, retentir un cri, bien inconsidéré sans doute, mais qui n'était pas sans audace, ni sans patriotisme : « A Berlin ! à Berlin ! »

Eh bien ! ce serait aujourd'hui le cas de reprendre en le parodiant — j'allais dire en le justifiant — ce cri d'alors : « A Berlin ! ou à Potsdam ! » Ce sont les seuls endroits, en effet, où puisse être dignement célébrée, après cent ans, la gloire de cet homme qui, s'il eût vécu de nos jours, aurait composé des poèmes à la louange de ceux qui nous ravirent l'Alsace et la Lorraine.

Messieurs, je vous prends à témoin que je n'invoque plus le surnaturel ici : c'est au nom suffisamment sacré du patriotisme que j'adjure tous les vrais Français d'épargner à la patrie une douleur, une infamie, une expiation !

Jeanne d'Arc a sauvé jadis la France du joug des Anglais : qu'elle reprenne aujourd'hui sa mission, et qu'elle nous sauve de Voltaire !

(1) Luc, vi, 40.

J'ai été long, Messieurs, et loin de m'en défendre, je vous dirai pour toute excuse le mot du grand Lacordaire : « Vos gloires en sont la cause. »

Résumons-nous par une question d'utilité contemporaine, et dans ce moment où l'opportunisme jouit en France d'un si grand crédit, demandons-nous si la thèse du *patriotisme surnaturel* est une thèse opportune.

Oui, Messieurs, et plus que jamais !

Plus que jamais la France a besoin d'être aimée, servie, défendue contre ses ennemis et contre elle-même !

Et qui donc la défendra, la servira, l'aimera ? Qui, sinon ceux de ses enfants qui aiment la vérité, qui pratiquent la vertu, qui servent Dieu ?

Messieurs, de cette perfection humaine, Jeanne d'Arc est un type achevé, pour toutes les conditions sociales. *Unius vita omnium disciplina !*

Mon Dieu, donnez-nous, à la fin de ce siècle qui vit tant de défaillances parmi de nombreuses gloires, et essuya tant de malheurs au sein de réelles prospérités, donnez-nous une France patriote et chrétienne !

Une armée qui sache bien que le drapeau français et la croix du Sauveur sont à jamais inséparables, et que le sang versé pour la patrie, sur une redoute célèbre ou dans un fossé sans nom, mérite une récompense éternelle devant Dieu et une immortelle gloire devant les hommes, aussi véritablement que le sang des martyrs versé pour la religion !

Une magistrature qui, s'inspirant des grands principes du droit divin, règle sur les lois de la justice éternelle son autorité temporaire, et tende à l'abolition des délits humains par l'inspiration de la crainte de Dieu et la vulgarisation de la charité fraternelle !

Une administration, un gouvernement qui, rompant résolument avec les dissolvantes négations de l'athéisme, protége ouvertement la liberté religieuse, sans partialité, sans rancune, et, quel que soit le principe politique en vertu duquel il commande, comprenne bien que le moyen de faire rendre à César ce qui est à César, c'est de rendre à Dieu, lui gouvernement, ce qui est à Dieu !

Un clergé inébranlable dans les traditions les plus apostoliques, les plus romaines par conséquent, et en même temps les plus françaises ; un clergé concentrant son action sur les âmes, à l'autel eucharistique, dans la chaire de l'Évangile, mais portant dans ses préoccupations, dans son cœur, dans ses prières et dans toute sa vie extérieure la sollicitude doublement sacrée et indissolublement unifiée de l'Église et de la Patrie !

O Église d'Orléans, que tu me sembles belle ! Dans ton ciel, où la science et la piété allumèrent déjà des constellations si radieuses, j'aperçois à l'orient une aurore qui se lève dans la bonté et dans la douceur. Et cette aurore elle-même n'est qu'un réflet, car ton grand soleil est vivant dans la splendeur d'une lumière qui ne défaille pas, dans la fécondité d'une ardeur qui ne diminue pas !

Messeigneurs et Messieurs, de toutes les honorables puissances qui composent le grand corps social de notre chère France, l'expression la plus éloquente, n'en déplaise à votre modestie, nous est fournie en cet auditoire.

Et, afin que l'enseignement qui se dégage de votre concours soit plus manifeste, et les espérances plus populaires, la bannière de Jeanne d'Arc va être triomphalement portée dans les rues d'Orléans. Représentée par vous, Messieurs, la France entière marchera à sa suite, et ce sera aux yeux de l'Europe et du monde :

La procession française du patriotisme surnaturel !

Orléans, imp. G. JACOB, cloître Saint-Étienne, 4.

Orléans, imprimerie de Georges JACOB, cloître Saint-Étienne, 4.

www.ingramcontent.com/pod-product-compliance
Lightning Source LLC
Chambersburg PA
CBHW061713180626
46818CB00003B/1369